MÉMOIRE

DE Pierre-Augustin Caron de Beaumarchais;

EN réponse au Libelle diffamatoire, Signé, Guillaume Kornman;

DONT plainte en diffamation est rendue, avec Requête, à M. le Lieutenant-Criminel, & permission d'informer.

PREMIÈRE PARTIE.

PRESSÉ, par les circonstances, de publier ma justification fur les atrocités qui me font imputées dans un libelle, figné *Guillaume Kornman*, & depuis avoué de lui ; j'ai fait en quatre nuits, l'ouvrage de quinze jours.

Dans cette première partie de ma défenfe je n'emploierai pas de longs raifonnemens à repouffer des injures groffières ; le temps eft trop précieux pour le perdre à filer des phrafes : j'oppoferai des preuves claires & concifes, à des inculpations vagues & calomnieufes.

Je dois repouffer fortement les quatre chefs fuivans.

1°. D'avoir concouru, avec chaleur, à faire accorder à une infortunée la liberté conditionnelle d'accoucher ailleurs que dans une maifon de force, où elle courait le danger de la vie.

2°. D'avoir examiné févèrement une grande affaire qui tournait mal, à la follicitation des perfonnes les plus confidé-

A

rables, qui avaient intérêt & *qualité* pour en vouloir être bien instruites.

3°. De m'être opposé, dit-on, par toutes sortes de moyens, au rapprochement de la Dame Kornman, avec son mari.

4°. Enfin, d'avoir ruiné les affaires de celui-ci, en le diffamant par-tout.

Les deux premiers chefs, je les avoue & je m'en honore hautement ; je prouverai que j'ai dû me conduire ainsi. Je nie les deux derniers ; j'ai fait le contraire de l'un ; je prouverai la calomnie de l'autre.

FAITS justificatifs du premier chef.

Avez-vous concouru, avec chaleur, à faire accorder à une infortunée la liberté conditionnelle d'accoucher ailleurs que dans une maison de force, où elle courait le danger de la vie ?

Oui je l'ai fait ; & voici mes motifs.

Au mois d'Octobre 1781 je ne connaissais pas même de vue la dame Kornman ; je savais seulement, comme tout le monde, que son mari l'avait fait mettre dans une maison de force, en vertu d'une Lettre de cachet.

Un jour que je dînais chez Madame la Princesse de Nassau Siéghen, avec plusieurs personnes, on nous peignit la détention & la situation de la Dame enfermée, avec des couleurs si terribles, que cet évènement fixa l'attention de tout le monde. Le Prince & la Princesse de Nassau, sur-tout, paraissaient fort touchés de son malheur, & voulaient s'employer, disaient-ils, à lui faire obtenir sa liberté. Touché moi-même du récit, & de cette noble compassion, je les louais de leur dessein ; ils me prièrent d'y joindre mes efforts, ajoutant qu'un tel service était digne de mon courage & de ma sensibilité. Je m'en défendis, par des raisons de prudence. Ils me pressèrent, je résistais, en alléguant (ce qui est vrai) que je n'avais jamais fait une action louable & généreuse qu'elle ne m'eût attiré des chagrins. Quelqu'un invite alors un Magistrat du Parlement, qui était présent, à montrer à la Compagnie le Mémoire que cette malheureufe femme avait compofé feule au fond de fa prifon, & qu'elle avait trouvé moyen de faire parvenir à M. le Préfident de Saron, avec autant de Lettres qu'il y avait de Magiftrats à la Chambre des vacations. Voici cette Requête touchante.

*Mémoire adreſſé à M. le Préſident Saron, par la Dame Kornman, née Faech **

» Je fuis née à Bafle, en Suiffe, j'ai été élevée dans la Religion Proteftante réformée.

A l'âge de 13 ans, j'étais orpheline de père & de mère ; à celui de 15, mes parens m'ont fait époufer, en 1774, le fieur Kornman, Alfacien, & de la Religion Luthérienne.

Mon mariage a été célébré dans le Canton de Bafle, fuivant les Loix Civiles & Eccléfiaftiques de cette Ville.

Je ne connaiffais pas le fieur Kornman, je témoignai quelque répugnance ; on m'affura que je ferais très-heureufe, que c'était un bon parti, je me réfignai.

J'ai apporté à mon mari 360,000 livres de dot, qu'il a touchées. J'ai été avantagée en outre de 60,000 livres. Mon mari s'eft obligé encore de faire un Etat de fes biens, dont la moitié doit m'appartenir, en cas qu'il vienne à mourir.

Un de mes parens m'a dit, il y a un an, que cette claufe n'avait pas été remplie, & m'en a marqué du mécontentement. Mais comme je ne me connais pas en affaires d'intérêt, j'ai toujours négligé ce point.

Mon mari m'a propofé de lui faire, par écrit, fous feing-privé, une donation de tous mes biens, je lui ai fait cet écrit dans les commencemens de notre mariage ; il m'en a fait un pareil, qu'il a retiré fans me rendre le mien ; je l'ai annullé de mon propre mouvement le 25 Juillet dernier.

Je fuis mère de deux enfans, & groffe de quatre mois du troifième. Notre union a été très-mal affortie, j'ai été fort malheureufe ; & j'ai long-temps fouffert avec patience & douceur.

---

* La famille Faech eft une des premières de Bafle.

Il y a deux ans que ces orages ont été plus fréquens, & plus violens. Comme le divorce eſt permis dans mon pays, & dans ma Religion, j'ai écrit, il y a un an, à mes parens collatéraux, que je voulais briſer ma chaîne.

On a cherché à m'adoucir : un frère utérin que j'ai, eſt venu à Paris, le mois de Mai dernier, il a cherché à pacifier ces troubles ; c'eſt l'époque de ma groſſeſſe.

Au bout de quelque temps qu'il a été parti, mon mari a recommencé ſes perſécutions, & a paſſé toutes les bornes.

Je me ſuis plaint de mon côté, & je me ſuis occupée d'obtenir, dans les Tribunaux (en me ſéparant de mon mari), le repos que les conciliations n'avaient pu me procurer.

Mon mari craignant ſans doute l'effet de ces démarches, a cherché à les prévenir par l'autorité.

La nuit du 3 au 4 Août, deux hommes ſe ſont préſentés à moi, & m'ont dit que M. le Lieutenant de Police déſirait me parler.

Je témoignai quelque ſurpriſe du meſſage à une heure auſſi indue ; ne pouvant cependant imaginer aucune violence, je m'habillai pour ſuivre les deux inconnus.

Je marquai de l'étonnement de ne point trouver ma voiture ni mes gens. On me repréſenta que c'était pour prévenir des interprétations de leur part ; que je rentrerais tout de ſuite ; que c'était pour m'expliquer avec mon mari devant le Magiſtrat ; je me rendis : on fit approcher un fiacre, où je trouvai un troiſième perſonnage. Je m'apperçus qu'on prenait une autre route que celle de l'Hôtél de la Police ; je demandai pourquoi ? on me répondit encore que le Magiſtrat craignant que je ne fuſſe vue de ſes gens, avait, par délicateſſe cru devoir me parler en maiſon tierce.

Je me payai de cette raiſon ; j'arrivai dans une cour ; on me fit entrer dans une ſalle à rez-de-chauſſée ; & l'homme aux expédiens, quittant l'anonyme & ſa feinte, me demanda pardon de la ſupercherie ; me dit qu'il était Exempt de Police, & que j'euſſe à reſter par l'ordre du Roi dans le lieu où j'étais.

Je ne puis rendre compte de ce qui s'eſt paſſé le reſte de cette nuit & les trois premiers jours qui l'ont ſuivie, je me ſuis évanouie pluſieurs fois. J'ai eu le tranſport. Un homme eſt venu me parler, m'interroger, me faire ſigner : ma tête n'était pas à moi; & je n'ai qu'un ſouvenir confus.

Je vis M. le Lieutenant-Général de Police, qui m'a paru me marquer de l'intérêt. Mes idées s'étant calmées, j'ai appris que j'étais rue de Bellefonds, au Château de Charolais, dans une Maiſon de Force, régie par deux femmes, nommées Lacour & Douay : qu'on y renfermait des folles & des femmes proſtituées.

On m'a ôté ma femme-de-chambre pour m'en donner une du lieu, chargée ſans doute du ſoin de m'eſpionner.

On m'aſſure que je ſuis traitée extraordinairement : quoiqu'accoutumée à l'aiſance, je ne me plaindrais pas des privations phyſiques que j'éprouve dans mon état, & qui influent ſur ma ſanté & ſur le fruit que je porte dans mon ſein.

J'avais été avertie que mon mari machinait contre moi, on m'avait dit même que des gens avec qui il m'avait fait dîner étaient des Eſpions de la Police ; quoiqu'il les eût annoncés pour des Négocians arrivant des Grandes-Indes.

Le 25 Juillet je fis deux procurations , dont une pour M. Silveſtre, Avocat aux Conſeils, qu'on m'avait indiqué comme un honnête homme, à l'effet de veiller à mes intérêts, & de prévenir quelques manœuvres contre moi; j'avoue que je regardais cette précaution comme ſuperflue, ne pouvant imaginer que le Gouvernement ſe mêlât de mes querelles avec mon mari, & qu'on me ravirait l'honneur, la liberté, mes enfans, peut-être ma fortune, ſans m'entendre, quoiqu'il y ait des Tribunaux.

Depuis ce moment, j'ai ſans ceſſe demandé à parler à mon Avocat; je n'ai pu l'obtenir; je n'ai vu que mon frère, jeune homme âgé de vingt ans, qui, inſtruit de mon malheur, eſt venu d'Allemagne à Paris. C'eſt par lui que j'ai pu avoir quelques renſeignemens ſur la conduite que j'avais à tenir. C'eſt par lui que j'ai pu faire paſſer quelques lettres pour inſtruire mon Avocat de mon ſort, le prier d'agir pour me tirer de ce gouffre.

Je n'ai point reçu de réponſe, on a cherché à intimider mon frère, & on eſt parvenu à le faire repartir, dans la crainte qu'il ne me ſecourût. J'ai demandé s'il n'y avait pas de Juges que je puſſe implorer. Il m'a dit que le Parlement était en vacance, il m'a remis une lifte imprimée; & j'ai imaginé d'écrire à toutes les perfonnes de cette lifte, pour demander juftice & appui.

Je n'ai rien commis contre l'Etat, je demande qu'on s'informe de la fociété qui venait chez moi, fi j'ai mérité, par ma conduite, d'être mife dans un lieu de proftitution, où je manque de tout, moi qui tenais un rang dans le monde, qui ai apporté une fortune confidérable, & qui ai toujours vécu dans l'abondance.

Je fuis inftruite que mon mari craint que je ne redemande mon bien : on dit que fes affaires font furchargées par les grandes entreprifes dans lefquelles il s'eft intéreffé, entr'autres dans une aux Quinze-Vingts. Il eft trifte de perdre ma liberté, parce que ma fortune périclite.

Sa conduite poftérieure m'annonce la vérité de ces conjectures. Après m'avoir diffamée de la manière la plus cruelle, il parle de revivre avec moi; la cupidité feule ou l'impoffibilité de juftifier de mon bien, peut lui faire méprifer jufqu'à ce point la délicateffe & l'honneur.

Quoi qu'il en foit, je fupplie refpectueufement Noffeigneurs d'avoir pitié d'une jeune femme étrangère, fans expérience, ne connaiffant ni les ufages ni les loix; je mets fous leur protection ma vie & celle de l'enfant que je porte dans mon fein; car je dois tout craindre après ce que j'ai fouffert. Si mon mari croit avoir le droit de me traiter auffi barbarement, pourquoi fuit-il les regards de la Juftice pour me perfécuter ténébreufement? Après m'avoir tout ravi, il a été tranquillement fe promener à Spa, pour fes plaifirs; & je n'ai pu encore parler à mon Avocat. Mon âge, mon fexe, mon état, méritent quelqu'indulgence : je fupplie qu'on me donne les moyens de me défendre, de m'arracher de cet odieux féjour. Ma qualité d'Etrangère, la Religion que je profeffe, les Loix fous lefquelles j'ai été mariée, devaient empêcher qu'on me ravît ainfi ma liberté. Je demande juftice & protection; & fi la confiance que j'ai en la démarche que je fais, n'eft pas trahie, je les obtiendrai. Ma reconnaiffance égalera mon refpect pour mes libérateurs «.

Signé, F. Kornman, née Faefch.

Copie de la lettre écrite à MM. les Conseillers de la Chambre des Vacations.

Paris, au Château de Charolais, rue de Bellefonds, Octobre 1781.

M O N S I E U R,

» J'ai pris la liberté d'adreffer un Mémoire à M. le Préfident de Saron, & l'ai fupplié d'en faire la lecture à Meffeigneurs. Son contenu vous apprendra mes malheurs, & le fecours que j'ofe attendre de votre juftice & de votre bonté. Je les implore avec la plus vive confiance, ma reconnaiffance égalera les fentimens refpectueux avec lefquels j'ai l'honneur d'être,

Monfieur,

Votre, &c.

Signé, F. KORNMAN, née Faefch «.

A la lecture de cettre Requête, fi fimple & fi touchante, je dis : Meffieurs, je penfe comme vous ; ce n'eft point là l'ouvrage d'une méchante femme, & le mari qui la tourmente eft bien trompé fur elle, ou bien méchant lui-même, s'il n'y a pas ici des chofes qu'on ignore. Mais, malgré l'intérêt qu'elle infpire, il ferait imprudent de faire des démarches pour elle, avant d'être mieux informé. Alors, dans le defir de me fubjuguer tout-à-fait, un de fes zélés défenfeurs, je ne fais plus lequel, me remit un paquet de lettres du mari de cette Dame, écrites à l'homme qu'il accufait de l'avoir corrompue. Je paffai fur une terraffe, où je les lus avidement. Le fang me montait à la tête. Après les avoir achevées, je rentre & dis avec chaleur : vous pouvez difpofer de moi, Meffieurs ; & vous, Princeffe, me voilà prêt à vous accompagner chez M. le Noir, à plaider par-tout vivement la caufe d'une infortunée, punie pour le crime d'autrui. Difpofez entièrement de moi. Je ne connais du mari que le défordre de fes affaires & je vous apprendrai comment. Je n'ai jamais vu fa malheureufe femme; mais, après ce que je viens de lire, je me croirais auffi lâche que l'auteur de ces lettres, fi je ne concourais de tout mon pouvoir à l'action généreufe que vous voulez entreprendre. Mes amis m'embrafsèrent, & j'allai, avec la Princeffe de Naffau, chez M. le Noir, où je plaidai long-tems pour notre Prifonnière. Je ne crains d'offenfer perfonne en l'appelant ainfi, *la nôtre :* Ah! chacun l'avait adoptée! Delà je partis pour Verfailles, & n'ai pas eu de bon repos que je n'aie obtenu des Miniftres que l'infortunée n'accoucherait pas, ne périrait pas dans la Maifon de Force où l'intrigue l'avait jetée.

Pour juftifier la chaleur que j'ai mife à toutes mes follicitations, je dois tranfcrire ici les lettres du mari, comme j'ai tranfcrit plus haut la Requête de la femme. Mon bonheur veut, qu'après les avoir employées dans le tems à ouvrir les yeux des Miniftres, fur l'homme qui les avait trompés, elles me foient reftées dans les mains, qu'on ne me les ait pas reprifes! Il eft vrai que depuis fix ans ce Kornman eft dans la boue, & que fa levée de boucliers, auffi lâche qu'injurieufe, était bien loin d'être prévue! Mais s'il eft un feul homme, après avoir lu ces lettres, qui ne dife pas: j'en aurais fait autant que Beaumarchais! je ne pourrai jamais eftimer cet homme-là.

Non, ne tranfcrivons point sèchement ces étranges lettres: foyons courts, mais pas ennuyeux : oppofons-les, date par date, aux narrations du libelle que j'attaque, aux jérémiades hipocrites qui en accompagnent les récits : déterminons furtout les époques où elles concourent avec les lettres.

C'eft vous feul que j'attaque, M. Guillaume Kornman. Vous m'avez, non pas inculpé, mais vous m'avez injurié. Vous avez armé contre moi mille gens affez légers pour prendre parti dans votre affaire, fans penfer qu'un homme audacieux peut tout ofer impunément auffi long-tems qu'il parle feul. Vous me forcez de me juftifier; je vais le faire fans humeur. N'étant point appellé à défendre votre malheureufe femme, de l'accufation d'adultère dont vous la flétriffez ; moins encore à difculper celui que vous nommez fon féducteur;

c'eft

c'est vous seul que je vais discuter, pour le maintien de mon honneur: il m'importe ici de le faire, avant de dire un mot de moi.

Parcourons donc votre libelle, que vous appellez un Mémoire.

Vous convenez (page 6) que votre femme s'est conduite avec vous, pendant six ans, d'une manière exemplaire, & vous fixez l'époque de ses désordres (pour user un moment de vos termes) à la connaissance que vous lui fîtes faire d'un sieur *Daudet de Jossan*, en 1779.

M. le Baron de Spon, premier Président de Colmar, vous avertit, dites-vous, (page 6) » que le sieur Daudet était un » personnage très-dangereux...... qu'aucun principe d'ho- » nêteté publique & particulière n'arrêtait dans l'exécution » de ses desseins «. (Bon Kornman, vous voilà prévenu. S'il vous arrive malheur ce sera bien votre faute!) Et cependant vous le reçûtes chez vous, (page 8) » & vous lui rendîtes » quelques services en considération de la protection très- » publique dont M. le Prince de Montbarrey daignait l'hon- » norer «. (Cela est bien généreux, mais en même-tems bien imprudent; puisque le changement de conduite de votre femme vous indiquait déja (page 8) le commencement d'une liaison entr'elle & lui.) Insensiblement votre santé s'en altéra (page 8). Vous fûtes à Spa pour la rétablir. Mais, homme attentif, en partant, » vous suppliâtes votre épouse d'ouvrir » les yeux sur l'abîme qui s'ouvrait sous ses pas. Vous la » suppliâtes de ne pas se livrer davantage à un homme sans » morale, & qui avait moins une véritable passion pour elle, » que le besoin de tirer parti pour sa fortune de la complice » de ses égaremens «.

Cela est très-prudent de votre part. Mais que veut dire une lettre de vous, que j'ai dans ce moment sous les yeux? Lettre écrite en arrivant aux Eaux, à cet homme suspect, dont les liaisons avec votre femme avaient altéré votre santé, contre lequel vous aviez de nouveau cru devoir la mettre en garde à votre départ: cette lettre rentre si parfaitement dans les idées que vous nous faites prendre de votre éloignement pour lui, que j'en veux donner des fragmens.

B

Adreſſe de la lettre.

A M. Daudet de Joſſan , Syndic - Royal de la Ville de Strasbourg, à la Chauſſée d'Antin, à Paris.
Avec le timbre de la Poſte (1).

Spa , le 12 Juillet 1780.

Je croirais manquer à l'amitié que vous m'avez toujours témoignée, MON CHER SYNDIC-ROYAL, *ſi je ne vous donnais des nouvelles de mon arrivée au lieu de ma deſtination. J'ai fait le plus de diligence poſſible,* AFIN DE POUVOIR VOUS REJOINDRE LE PLUTOT POSSIBLE, *pour me rendre en Alſace. Ma foi il était tems que je m'en aille de la rue de Carême-Prenant* (demeure du ſieur Kornman à Paris.) Je ſupprime ici quelques détails oiſeux. Mais, lui parlant de votre femme, vous ajoutez : ʺ ET COMME ELLE N'A PAS D'EXPÉRIENCE POUR SE CONDUIRE, EMPÊCHEZ-LA, MON CHER, DE FAIRE QUELQUE SOTTISE MAJEURE ; *& tâchez de la faire ſortir de la dépendance des Domeſtiques, en lui perſuadant que l'on paye leurs complaiſances paſſagères fort cher , dont cette eſpèce de gens fait toujours tirer parti. Je vous envoie* UNE PETITE LETTRE POUR MA FEMME, *que je vous ſerai obligé* DE LUI REMETTRE.... ADIEU MON CHER.... *vous aurez encore de mes nouvelles avant votre départ pour l'Alſace.* JE VOUS EMBRASSE ET SUIS AVEC LES SENTIMENS DU PLUS INVIOLABLE ATTACHEMENT TOUT A VOUS. Signé G. KORNMAN.

Me trompai-je en liſant ? Eſt-ce bien vous M. Kornman qui mettez votre femme ſous la direction de cet homme ſans honneur & ſans mœurs qui ne feint de l'aimer que pour la dépouiller ? Donnons encore quelques fragmens d'une autre lettre de Spa, & toujours au même homme. Elle vient à l'appui de la première.

---

(1) Je préviens que toutes ces lettres, écrites & ſignées du mari , paraphées dans le tems par la femme , & contrôlées depuis, ſont dépoſées au Greffe, afin que Guill... Korn... ſoit forcé de les reconnaître , ou les nie à ſon grand péril.

A M. Daudet de Joſſan, &c. même adreſſe & même timbre.

De Spa, ce 19 *Juillet* 1780. (cinq jours après la précédente.)

Après des complimens affectueux au *cher ami*, on lit..........
Je ſuis fâché de ne pas être à Paris pour y recevoir M. votre frère, je ſouhaite qu'il puiſſe vous engager à différer votre départ pour l'Alſace, AFIN QUE JE PUISSE VOUS Y JOINDRE, *il eſt vrai que je vous en ai donné ma parole, & vous pouvez compter que je l'effectuerai, à moins que je n'aille dans l'autre monde, cas auquel vous voudrez bien m'excuſer de n'avoir pas tenu ma promeſſe.* SI NOUS POUVIONS FAIRE LE VOYAGE DE L'ALSACE ENSEMBLE, CELA SERAIT PLUS GAI; *d'un autre côté, votre abſence de Paris & Verſailles pourrait peut-être préjudicier* A NOS SPÉCULATIONS PROJETTÉES, *enfin vous verrez à faire pour le mieux, & vous ne devez pas douter* DU PLAISIR QUE J'AURAI *de me trouver en Alſace avec vous,* IL NE DÉPENDRA QUE DE MA FEMME D'ÊTRE DE LA PARTIE, *mais pour lors il ne faudra pas que je faſſe le voyage avec un déſagrément continuel, ma ſanté ne le ſupporterait plus; je crois avoir fait tout ce qui était raiſonnable, mais tout à ſes bornes, je ne puis plus rien lui dire; elle n'eſt plus un enfant, & c'eſt à elle à ſe faire eſtimer du Public & de ſon mari;* POUR LE RESTE, ELLE SERA LA MAITRESSE DE FAIRE CE QU'ELLE VEUT; *je n'aurai jamais la ſotte manie de gêner le goût & l'inclination de perſonne, trouvant que de toutes les tyrannies, la plus abſurde eſt celle de vouloir être aimé par devoir, outre que c'eſt une impoſſibilité, on ne commande pas au ſentiment le plus doux;* PARTANT DE CE PRINCIPE, ON PEUT TRÈS-BIEN VIVRE ENSEMBLE, NE PAS S'AIMER, MAIS S'ESTIMER, *avoir de bons procédés qui prouvent toujours de la réciprocité de la part d'une ame honnête. Je crois que ce que j'exige, n'eſt pas injuſte ni difficile dans la pratique,* ET JE LE SOUMETS A VOS RÉFLEXIONS, &c. Signé, G. KORNMAN.

Ainſi vous ſoumettez aux reflexions de votre odieux rival, le deſſein où vous êtes de laiſſer à votre jeune femme toute liberté d'aimer un autre homme; cependant vous croyez ſavoir que c'eſt cet homme-là qu'elle aime!

Quatre ou cinq lettres suivantes sont du même style.

Eh quoi, Monsieur, vous n'écrivez pas même en droiture à votre femme? Il faut que ce soit votre ennemi qui lui remette vos lettres? Vous l'en priez? Vous étouffez d'embrassemens le corrupteur qui l'a perdue, ou la perdra? Vous caressez ce monstre qui vous a forcé de recourir aux Eaux de Spa, pour rétablir votre santé, qu'une juste jalousie délabre! *Et comme ma femme n'a pas assez d'expérience pour se conduire, empêchez-là, mon cher, de faire quelque sottise majeure.* (Prenez garde M. Kornman! On dira que vous prescrivez à deux amans, de mettre de la décence dans une intrigue approuvée de vous! Prenez garde! On dira que vous soumettez votre femme à l'expérience d'un corrupteur habile, pour qu'elle apprenne de lui la manière de conduire sans scandale une intrigue d'amour! Prenez garde! Mais revenons vîte au libelle: ces rapprochemens sont précieux.

(Page 9) » Mes remontrances furent inutiles : de retour » des Eaux de Spa, j'apprends qu'en mon absence la dame » Kornman a tenu la conduite la moins mesurée, que le sieur » Daudet lui a fréquemment assigné des rendez-vous chez lui; » & qu'il s'y est passé des scènes d'une espèce assez étrange, » pour que le voisinage en ait été scandalisé, &c. «

Maintenant que vous êtes instruit de tout, par des rapports aussi fidèles, j'espère, ô Kornman! que la colère & l'indignation vont vous faire éclater; ou qu'au moins toutes liaisons entre un homme audacieux & vous, sont finies! & qu'enfin votre dernière lettre à cet abandonné, si même vous croyez devoir lui défendre ainsi votre porte, est bien sévère! Il faut la lire & la comparer avec la page 9 du libelle, citée plus haut; à cette époque vous lui écriviez:

A M. Daudet de Jossan, à Strasbourg, &c. (il était parti pour Strasbourg.)

De Paris, le 19 Août 1780.

» *J'espère*, MON CHER AMI, *que la Lettre que j'ai eu* LE PLAISIR *de vous adresser de Bruxelles, vous sera bien parvenue;*

la vôtre, que vous M'AVIEZ FAIT L'AMITIÉ *de m'adreſſer à* Spa, *le* 7 *de ce mois, m'a été renvoyée ici,* JE SUIS CHARMÉ D'AVOIR PRÉVENU VOS INTENTIONS, EN HATANT MON RE-TOUR ; *je n'ai pas manqué de me rendre de ſuite chez* M. le Comte de Brancion*, qui m'a mis au fait du projet dont il était queſtion ; l'affaire me paraît belle, il ne s'agit que de la certitude de ſe procurer les fonds néceſſaires pour ne pas reſter en chemin, lorſque l'opération ſera commencée ; je m'occupe à venir vous joindre pour nous concerter là-deſſus. (ici ſont des détails d'affaires.)*

» *J'ai mille choſes à régler avant mon départ, que je compte effectuer vers la fin de la ſemaine prochaine. Je crois que ma femme eſt intentionnée de faire ce petit voyage, mais elle n'a guères fait de préparatifs pour cela : lorſque cela ſera bien décidé* JE NE MANQUERAI PAS DE VOUS EN FAIRE PART. *En attendant le plaiſir de vous voir, je vous embraſſe de tout mon cœur, & ſuis,* SANS RÉSERVE, *tout à vous,* ſigné, KORNMAN.

Quel étonnant commerce ! *J'eſpère, mon cher ami, que la Lettre que j'ai eu le plaiſir de vous adreſſer de Bruxelles, &c.* O vertueux Kornman ! époux délicat, père tendre ! l'homme qui corrompait tout chez vous, était votre *cher ami !....* *Je ſuis charmé d'avoir prévenu vos intentions en hâtant mon retour.* Ainſi vous aviez mis dans ſes mains, non-ſeulement la direction des plaiſirs ſecrets de votre femme, mais encore il vous feſait marcher ſuivant ſes intentions ! & afin qu'il ne pût douter que la vôtre était de lui mener votre épouſe à Strasbourg, vous le lui aſſuriez en finiſſant votre Lettre. *Je crois que ma femme eſt intentionnée de faire ce petit voyage, mais elle n'a guères fait de préparatifs pour cela, lorſque cela ſera bien décidé,* JE NE MANQUERAI PAS DE VOUS EN FAIRE PART. Ainſi, vertueux Guillaume ! elle n'eſt pas encore décidée, mais l'homme abandonné qui la perd, vous aura cette obligation ! & pour qu'il ſache même que c'eſt à bonne intention de votre part, vous finiſſez ainſi la Lettre. *En attendant le plaiſir de vous voir je vous embraſſe de tout mon cœur & ſuis,* SANS RÉSERVE, *tout à vous,* ſigné, KORNMAN.

Sans réſerve, Meſſieurs, vous l'entendez ! En effet, vous verrez bientôt l'étendue d'amitié, ce que ce grand mot renferme.

Reprenons ici le Libelle.

(Page 9.) » Cependant le fieur Daudet fe rendit à Stras-
» bourg pour y remplir les fonctions de Syndic, Adjoint
» de M. Gérard.

» La dame Kornman qui ne pouvait plus fe féparer de
» lui ; defira de faire un voyage à Bafle. . . Strasbourg eft
» fur la route de Bafle, je n'eus donc pas de peine à deviner
» le vrai motif de fa demande, &c. «. (Et cependant vous
l'y meniez, Guillaume !)

Il faut lire dans le Mémoire même, tout le pathos de
cette page, & de quel ftyle le vertueux époux apprenait,
en route, à fa jeune époufe, (page 9) comment *tous les
faux plaifirs qui nous ont occupés paffent & s'effacent ; comme
il importe pour les derniers jours de notre exiftence, fi fugi-
tive & fi courte, de fe ménager une confcience fans remords.*
Et tout le refte du paragraphe digne de figurer, au ftyle
près, à côté de...

Laurent, ferrez ma haire avec ma difcipline.

Cependant ce vertueux époux venait d'écrire en partant
à fon plus terrible ennemi, à fon redoutable rival, deux
Lettres du 24 & du 25 Août; la première commence ainfi :

A Monfieur Daudet de Joffan, &c.

Paris, le 24 Août 1780.

J'ai été charmé, MON CHER AMI, *d'apprendre par la Lettre
que vous m'avez fait l'amitié de m'adreffer, que vous foyez
heureufement arrivé à Strasbourg* (je fupprime des détails
étrangers à mon objet.) *J'ai fait deux fois ma cour à Madame
de Montbarrey & à Madame de Naffau qui m'ont reçu avec beaucoup de bontés, de même que ma femme, qui a été hier pour prendre
leurs ordres, car il paraît décidément qu'elle eft du voyage ;
elle prendra autre Femme-de-Chambre & autre Domeftique,
& par ce moyen nous voyagerons enfemble.* (Ce qui prouve
que les débats intérieurs fe rapportaient au renvoi des Valets,
& nullement aux intimités du Galant.) *j'efpère que vous ferez*

encore à Strasbourg, & que nous pourrons Y PASSER QUEL-
QUES JOURS ENSEMBLE *, &c.* signé, *G. K.*

Et le lendemain, 25 Août, de peur qu'il ne l'oublie, le vertueux époux, qui fait *comme il importe de se ménager une conscience sans remords,* écrit une seconde Lettre *à son cher ami,* conçue en ces termes :

Vous aurez vu par ma dernière Lettre d'hier, MON CHER AMI, *que mon voyage est décidé, & que je ne tarderai pas à vous joindre.* (& plus bas) *Ma marche est de partir samedi au soir ou dimanche avec armes & bagage.* (Le bagage, Messieurs, c'était sa jeune épouse.) *à vue de pays j'arriverai vendredi pour dîner, ou, s'il est possible, même jeudi,* DE QUOI JE TACHERAI DE VOUS INFORMER. (N'oublions pas cet empressement obligeant, il trouvera son application.) *Je vous prie d'avance à dîner,* MON CHER, *pour ce jour, ainsi ne prenez pas d'engagement avec M. votre frere,* AFIN D'AVOIR LE PLAISIR D'ÊTRE PLUS LONG-TEMS ENSEMBLE. (L'heureux homme que ce Syndic, s'il sentait tout le prix d'un ami rare comme M. Guillaume ! S'il savait comme l'époux a peur qu'ils ne se voyent pas assez tôt ! Reprenons un moment l'hypocrite Libelle. Ils sont en route ; le mari continue de prêcher sa jeune épouse.

(Page 10.) » Ces conversations attachantes par leur objet,
» arrachaient souvent à la dame Kornman des aveux mêlés
» de larmes de repentir. J'osai quelques instans espérer qu'elle
» ferait enfin un retour sérieux sur elle-même. MALHEUREU-
» SEMENT aux approches de Strasbourg l'homme dangereux
» paraît. (*Malheureusement* ; inopinément même ! il n'avait
» été prévenu de l'arrivée que cinq ou six fois par le bon
» mari qui la lui amenait *malheureusement.*) A l'instant toutes
» ses bonnes résolutions sont oubliées...

» A Strasbourg, toutes les règles de la décence sont en-
» freintes, aucune bienséance n'est respectée .....! Je crois
» devoir lui faire en conséquence quelques observations, elle
» ne me répond qu'avec le ton de l'aigreur, & de l'insulte.
(O Guillaume Kornman ! si elle a pris, en effet, ce ton aigre avec vous, méritiez-vous beaucoup d'égards ?)
» Je sens alors qu'il est prudent d'abréger son séjour de

» Strasbourg, (Très-prudent en effet, Monfieur !) & je la
» conduis à Bafle, au milieu des fiens. Je ne reftai pas à
» Bafle , perfuadé que quelle qu'y pût être ma manière
» d'agir il ferait difficile que je n'euffe pas l'air *d'exercer auprès*
» *d'elle une cenfure importune !*

Au moins, homme prudent ! avez-vous pris en partant de
Bafle quelques précautions pour que les fcènes fcandaleufes
de Strasbourg ne fe renouvellaffent point en cette Ville ?
Oui, oui, Meffieurs, il en a pris. Il a mis ordre à tout, en
écrivant de Bruxelles à fa femme , & à fon ennemi , des
lettres menaçantes , foudroyantes , que je vais rapporter
ici. Il était bien tems qu'à la fin , il fe montrât, l'homme
vertueux qu'il eft !

Lettre foudroyante à fa femme.

A Alher , près de Luxembourg , le 14 Septembre 1780.

*Je crois ma femme qu'il eft décent que tu reçoives de
mes nouvelles , car mon filence pourrait faire naître des réflexions* AUX BONNES GENS *avec lefquels tu te trouves , qu'il
n'eft pas de notre intérêt qu'ils faffent.* (Ces bonnes gens ,
Meffieurs , étaient les oncles & les frères de fa femme.) *On
te demandera par intérêt pour moi , ou par curiofité , fi je
t'ai écrit , & tu pourras par ce moyen fatisfaire à toutes ces
demandes.* (Ici des détails de voyage.)
Fais mille complimens à tes parens , & A DAUDET, SI TU
LE VOIS , *car je fuppofe* QU'IL POURRAIT BIEN *dans fes petits
voyages ,* AVOIR L'ATTENTION *de te faire* UNE VISITE. JE
LUI ÉCRIRAI DEMAIN. *Je fais paffer la préfente par Strasbourg,
pour qu'on y voye que nous fommes en correfpondance enfemble.
Tu pourras également ,* SI, PAR HASARD TU AVAIS QUELQUE
CHOSE A ME FAIRE DIRE , *adreffer tes lettres pour moi à
Wachter.* CELA NOUS DONNERA UN AIR D'INTELLIGENCE ,
QUI FERA BON EFFET SUR L'ESPRIT DE CERTAINES PERSONNES.
Je fuis toujours avec les fentimens que tu me connais. G. K.

Et voici la lettre menaçante , au corrupteur de fa femme.

A

A Monſieur Daudet de Joſſan, &c.

De Bruxelles, le 20 Septembre 1780.

Je vous adreſſe, MON CHER AMI, *la préſente à Strasbourg à tout haſard, ne ſachant ſi elle vous y trouvera.* (Sans doute il ne le ſavait pas. SON CHER AMI pouvait bien être à Baſle, & le vertueux époux qui s'en doutait, finit ſa lettre remplie d'affaires, en ces termes : *Je ne ſéjournerai que peu, pour prendre la route de la Suiſſe, y chercher ma femme & mes enfans, & les ramener rue Carême - Prenant ..... ADIEU MON CHER, JE VOUS EMBRASSE, & vous prie de me croire avec le plus ſincère attachement, tout à vous.* Signé, G. KORNMAN.
Et par P. S.
Je voudrais beaucoup vous trouver à Paris, où je penſe que votre préſence ferait bien néceſſaire.

Je ne me permets plus aucune réflexion ſur ces lettres. Mais pour compléter le dégoût qu'une telle hypocriſie inſpire, il faut citer encore la fin de la page 10 du Libelle, où il parle de ſon retour à Baſle.

(Page 10). Je n'eus pas beſoin en arrivant, de faire de ” longues informations ſur la conduite de la dame Korn- ” man. A peine fus-je deſcendu dans l'auberge où elle lôgeait, ” qu'on m'apprit que le ſieur Daudet *y était venu pluſieurs fois* ” *de Strasbourg,* qu'il y avait paſſé des nuits avec elle ..... «.

Sauvons à nos lecteurs la juſte horreur de ces récits ; Guillaume Kornman eſt démaſqué. Si la malheureuſe victime de ſes cruautés ultérieures, eût été ſéduite en effet, (ce que je ſuis bien loin de juger ſur l'accuſation d'un tel homme,) elle aurait deux complices de ſa faute ; ſon ſéducteur & ſon mari. Mais le plus coupable des trois, ferait l'homme affreux qui l'a fait enfermer & qui l'accuſe d'adultère.

J'ai montré comment le ſieur Kornman avait fait les plus grands efforts pour lier intimément ſa femme avec le ſieur Daudet. Quels étaient les motifs d'une auſſi lâche con- duite? On va les voir. C'eſt toujours lui qui va parler, car c'eſt lui ſeul qui doit me venger de lui. Ses lettres oppoſées à

fon Libelle, ne laifferont rien à défirer. Il vous a dit (page 8.)
» D'après une affurance fi pofitive, (celle que lui avait
donné fa jeune époufe, d'avoir de l'eloignement pour
l'homme qu'il lui préfentait.) » je ne cherchai point à éloigner
» le fieur Daudet de chez moi, il y vint comme auparavant «.
(n'oubliez pas que tout ceci précède le voyage à Spa, dont
nous avons extrait des lettres.) » Il y vint comme auparavant.
» Je lui rendis même quelques fervices en confidération de
» la protection très-publique, dont M. le Prince de Mont-
» barey daignait l'honnorer «.

Ainfi, Monfieur, vous receviez chez vous l'homme le plus
dangereux pour votre honneur, *vous lui rendiez fervice en
confidération de la protection publique, dont un Miniftre
l'honnorait.* Mais ce Miniftre vous en priait-il ? ou vos
relations avec lui étaient-elles affez impérieufes, pour que,
malgré vos répugnances, il vous fût impoffible de lui refufer
la demande qu'il vous en avait fans doute fait faire ?

Sachons, Monfieur, ce qui en eft. Vos lettres de Spa, écrites
à cet homme accufé, nous l'apprendront. Voyons fur-tout
comment vous lui rendiez fervice, & quels fervices vous lui
rendiez.

Toujours la même adreffe aux lettres, & toujours timbrées
de la pofte.

A M. Daudet de Joffan, &c.

Spa, le 19 Juillet 1780.

Je vous fuis obligé, MON CHER AMI, *de m'avoir donné des
nouvelles de ce qui s'eft paffé depuis mon départ, &c. (ici des
détails oifeux.) ce que vous me dites de la fituation des chofes,
relativement à notre fpéculation fur la place de Tréforier de
la M....., me fait plaifir, & eft fait pour donner des efpérances, de même que ce que d'Erv.... vous a dit fur mon
compte, quoique je devais m'y attendre ; il ne faut pourtant
pas trop fe fier là-deffus dans ce monde. Il eft encore bon de
vous obferver que ledit fieur a befoin d'être talonne, qu'il n'eft
pas bien chaud, & qu'il fe rend facilement aux objections qu'on*

lui fait; & que se laissant aller aux circonstances, il attribue au hasard ce qu'il aurait pu obtenir par la moindre activité & persévérance.

(Pardon, lecteur, mais je n'y change rien. Ceci n'est pas écrit du style hypocrite & traînant du Libelle. C'est du Kornman tout pur.)

CETTE PLACE EST TOUT-A-FAIT A MA CONVENANCE, *& serait d'autant plus agréable pour moi, que me mettant en relation avec le Département de la guerre, je serais à portée de faire connaître au Ministre que je puis être utile dans d'autres opérations, où il n'est quelquefois pas indifférent de pouvoir se confier à des gens honnêtes,* ET DE LA DISCRÉTION DESQUELS ON EST ENTIÈREMENT PERSUADÉ, *&c.*

Vous avez bien fait, MON CHER, *d'envoyer le mandat pour Madame de... à notre caisse, tout ce qui sera présenté de sa part* ET DE LA VÔTRE *sera exactement acquitté, &c.* Signé, KORNMAN.

Maintenant vous connaissez, Lecteur, l'homme, le motif & les moyens; vous voyez comment il rendait service au corrupteur de sa femme, *en considération d'un Ministre* auprès duquel il n'espérait pourtant s'insinuer que par ce même *corrupteur.* Rien ne lui coûtait, je vous jure, pour arriver à se saisir d'une caisse : mais vous n'êtes pas à la fin. Lisez la suite.

Même adresse que dessus.

A M. Daudet de Jossan, &c.

Spa, le 29 Juillet 1780.

Je vous suis obligé, Monsieur & CHER AMI, *du détail que vous me donnez du souper de Beud.... de l'entrevue de mon frère & de sa femme avec la mienne; les négociateurs de ce raccommodement ne me paraissent pas bien sorciers, &c.* (Je n'écris ces phrases aimables que pour montrer l'intimité.) *A l'égard des 25 mille livres que vous voulez me charger de remettre en Billets de caisse pendant votre absence, à M. le Prince de Montbarrey, pour acquitter pareille somme qu'il a avancée à* M. *le Baron Wirch*, C'EST UNE EXCELLENTÉ IDÉÈ ET JE VOUS EN SUIS OBLIGÉ. *Je penfe que le tems de la quinzaine dont vous me parlez* (apparemment pour acquitter le mandat) *ne fera pas fi ftricte pour que j'aie le temps d'arriver. Vous voudrez me mettre dans ce cas par écrit ce que je dois faire dans cette occafion.* (Ce vertueux mari, Meffieurs, qui n'obligeait le prétendu galant *qu'en confidération de la protection qu'un Miniftre lui accordait ;* le voilà aux genoux du féducteur de fa femme , lui demandant des leçons, des préceptes pour s'infinuer dans les affaires du Miniftre.)

Il ferait peut-être poffible qu'elle (cette occafion) *me procurât celle de gliffer deux mots de mon projet, qui eft que le Miniftre devrait me faire fon Banquier particulier , ou avoir fa caiffe chez moi.* (Cet homme, Lecteur, eft bien poffédé du démon des caiffes! Il lui en faut une abfolument ; car la fienne eft en mauvais ordre ! Caiffe de la Marine ! Caiffe de l'Ecole Militaire ! Caiffe du Miniftre ! Caiffe des Princes ! Caiffe des Quinze-Vingt ! Vous verrez , vous verrez ! Mais reprenons fa Lettre.

Il ferait peut-être poffible que cette occafion me procurât celle de gliffer deux mots ae mon projet, qui eft que le Miniftre devrait me faire fon Banquier particulier, ou avoir fa Caiffe chez moi. Il y trouverait l'avantage que fon argent ferait toujours utilement employé, parce que je lui en bonifierais l'intérêt, & il pourrait en aifpofer également d'un moment à l'autre ; parce qu'étant dans le cas D'AVOIR TOUJOURS UNE CAISSE GARNIE *, j'acquitterais les mandats que le Prince fournirait fur moi, & que l'on imprimerait d'avance, pour qu'il n'aye qu'à figner & remplir la fomme & l'ordre à qui il faudrait payer , ou je lui porterais fur fon ordre des Billets de Caiffe, ou de l'argent ; il me femble que cet objet pourrait devenir* CONSEQUENT *pour le Prince, fur tout* SI DANS UN MANIEMENT GÉNÉRAL *comme le département de la guerre qui eft de paffé* 50 *millions,* ON PEUT ME LAISSER DE TEMS A AUTRE QUELQUE FORTE SOMME ENTRE LES MAINS. (Vous l'entendez !) *ce qui ne me paraîtrait pas difficile , & fuis fûr que cela a été pratiqué dans le tems par* M. D * * *. *par l'entremife des fieurs* L. . . . . *& M. . . . . & moi j'aurais l'agré-*

ment de me rendre utile au *Miniftre* , CE QUI PEUT SE RE-
TROUVER DANS L'OCCASION. (Vous voyez les honnêtes
projets qu'il avait fur tous ceux qui pourraient lui confier
une Caifle ! Et la Lettre finit ainfi :) JE SOUMETS CETTE
IDÉE A VOS LUMIÈRES , &c. *Il me tarde de venir vous
joindre* , MON CHER , *je hâterai ce moment , autant
qu'il fera poffible.* JE VOUS EMBRASSE *& fuis avec le plus
fincère attachement tout à vous , votre ferviteur &* AMI.
Signé , KORNMAN.

Avant de réfléchir fur cette conduite , encore une Lettre
de l'époux fcrupuleux , à l'homme dangereux qu'il détefte.
Même adreffe.

A M. Daudet de Joffan , &c. (toujours le timbre de la Pofte.)

Spa , le premier Août 1780.

N'oubliez pas , Lecteur , que toutes ces Lettres font de
l'époque où l'honorable époux prétend dans fon Libelle
(page 8) » qu'il conjurait la dame Kornman de la manière
» la plus preffante d'ouvrir les yeux fur l'abîme profond
» qui s'ouvrait fous fes pas & pendant qu'il la fuppliait (dit-il)
» de ne pas fe livrer davantage à l'homme fans honneur , &
» fans morale qui ne voulait que tirer parti de la fortune de
» la malheureufe complice de fes égaremens «.

Spa , le premier Août 1780.

J'efpère , MON CHER AMI , *que la préfente vous trouvera
encore à Paris* (auprès de fa femme) *& que votre départ
fera diféré de quelques jours* AFIN DE ME TROUVER PLUS
LONG-TEMS AVEC VOUS EN ALSACE. *Soyez affuré* QUE JE
M'EN FAIS UNE FÊTE *& que je viendrai vous joindre* LE PLU-
TÔT POSSIBLE. *Je ne vous dis plus rien de ma femme :* TOUT
DÉPENDRA D'ELLE , *je ne fuis pas un homme injufte ,* ET JE
SAIS APPRECIER LES FAIBLESSES HUMAINES ; *je
ferai toujours confifter mon bonheur en faifant celui de ma
femme ,* (Voilà pour elle) *& de ce qui m'entoure ;* (Voilà pour lui.)

Mais je fuis homme ; par conféquent reftraint dans des bornes. (Et dans cinq années, Malheureux! tu l'attaqueras en adultère, & tu la diffameras après l'avoir fait enfermer pour les mêmes fautes intérieures que toi-même avais préparées ; fi toutes fois elle .a fuccombé! Non , ma tête eft bouillante, en écrivant ces chofes.) Mais finiffons la Lettre du premier Août 1780.

. *Vos efpérances fur l'adjonction en queftion* SONT BIEN FLATTEUSES, *il faudra attendre la tournure que cela prendra,* VOUS ÉTANT SENSIBLEMENT OBLIGÉ *de votre furveillance à combiner tous les moyens pour faire réuffir l'affaire,* CE SERA VOTRE OUVRAGE. *Je vous fuis obligé de votre attention obligeante de faire mention de moi dans la famille* (du Miniftre apparemment) *quand l'occafion fe préfente, &c.* Signé, KORNMAN.

Repofons-nous un moment par une courte récapitulation de tant de faits étranges.

Un homme époufe une jeune perfonne, belle , riche & de noble famille. (Car les *Faefch*, Lecteur, font des premières familles de Bafle ;) un oncle généreux l'a fait riche lui même. Et l'avide ambition de plus dépenfer en folies, lui fait concevoir le projet de tirer parti de fa femme, il la vend : Je crois bien qu'il ne l'a pas livrée ; mais on voit qu'il la vend, pour l'efpoir bien vil d'une Caiffe ! & fitôt que l'efpoir s'enfuit, par la retraite d'un Miniftre, mon tartuffe change de ton, cherche querelle à celui qu'il attirait baffement, lui ferme la porte, & punit de fon propre crime, l'infortunée qui n'avait pu fe garantir de tant de piéges.

. Mais j'oublie que ce n'eft pas moi qui dois plaider pour moi, que c'eft mon adverfaire lui-même ; je vais donc le laiffer parler ; premièrement dans le Libelle, & puis après viendront fes Lettres.

M. le Comte de Maurepas, dit - il, (page 10) *m'avait* » *prié* de m'occuper d'une entreprife à laquelle lui & M. le » Prince de Montbarrey s'intéreffaient beaucoup (& en note au bas de la page on lit) » le canal de Bourgogne » propofé par M. le Comte de Brancion «.

M. de Maurepas, avec fon efprit vif & prompt, avec

cet œil de lynx qui perçait à jour les plus fins, prier un Guillaume Kornman ! On nous prend ici pour des femmelettes, tout au moins pour des gens du monde qui croyent tout fans examen, dont l'inquiète légèreté fait, au premier mot qu'on écrit, pourvu qu'il foit âpre & fanglant, une foule de déchaînés, de la plus douce Nation du monde ! Voyons donc par qui Guill..... Korn..... fut prié de vouloir bien s'occuper du canal de Bourgogne. Mais ce n'eft pas Guill .... Korn..... que je travaille a convertir ; c'eft vous, Public inconcevable ! Athéniens légers & cruels ! qui vous livrez comme des enfans au premier brigand qui vous parle ; & toujours injuftes envers moi jufqu'à la cruauté ! Puis revenant enfuite à une juftice faible & tardive ; mais qui ne remédie jamais au mal affreux de vos premiers difcours ! Athéniens toujou ; entraînés, n'aurez-vous donc jamais que la crédulité du jour, & le jugement du lendemain ?

Les Lettres de *Guillaume* diront fans doute quelque chofe de la prière de M. de Maurepas à *Guillaume !* Feuilletons-les encore, malgré l'ennui qu'elles me caufent. Ah ! j'ai trouvé, je crois, l'article.

A M. Daudet de Joſſan (avec le timbre de la pofte.)

Spa, le 5 Août 1780.

Tout ce que vous faites eft au mieux, MON CHER *, pour me mettre en avant auprès du Miniftre & de la Princeſſe... Il faudra voir ce que c'eft que l'affaire majeure dont vous me parlez, & dont je n'ai pas pu lire le nom de la perfonne que vous nommez* (ne nous dégoûtons point des phrafes ; c'eft-là le ftyle de Guill ... Korn....) *J'en ferai inftruit là-deffus quand j'aurai le plaifir de vous voir... Je vois avec plaifir que d'Erv.... doit dîner chez ma femme avec* ·UN COMTE DE FRANCION. *Vous me dites que le Miniftre me l'a adreffé, mais je n'en ai aucune connaiffance, vous m'expliquerez cela fans doute. Enfin toutes vos démarches à mon égard tendantes* A METTRE LE PIED DANS L'ÉTRIER, *il y aurait bien du malheur & de la gaucherie fi je ne réuffiffais à me mettre* *en felle; & il ne s'agira que d'aller.* (Charmant écrivain ! Galant homme !) *Adieu,* MON CHER, *je vous embraffe & fuis avec le plus inviolable attachement tout à vous* (figné) KORNMAN.

Ainfi, comme on le voit, c'eft toujours *fon ami de cœur,* qui fait des efforts obligeans pour le fourrer dans les affaires ! *Je vois avec plaifir, que d'Erv.......... doit dîner chez ma femme avec* UN *Comte Francion........ Je n'en ai aucune connaiffance.* (Il en eftropie jufqu'au nom, il écrit *Francion* pour *Brancion.*) Et moi Beaumarchais je m'impatiente de ne pas voir comment M. le Comte de Maurepas a prié Guill..... Korn..... Une autre Lettre nous l'apprendra peut-être !

A M. Daudet de Joffan, &c.

Bruxelles, le 11 Août 1780.

Quoique je ne fois pas curieux, il me tarde cependant de favoir qu'elle eft cette affaire majeure donc vous me faites l'amitié de me parler, & que vous avez follicité, POUR QU'ELLE ME METTE EN RELATION AVEC LE MINISTRE. *A vous dire le vrai, je ne fais que deviner. Cela paffe mon imagination, en attendant* PAS MOINS DE REMERCIMENS D'AVANCE; *vous priant d'être perfuadé que je ferai toujours tout ce qui dépendra de moi, pour qu'on ne vous faffe point de reproches fur mon compte, &c. Adieu,* MON CHER, *portez-vous bien, confervez-moi votre amitié, & foyez affuré du plus parfait retour, je fuis tout à vous.* (Signé) G. KORNMAN.

Et le P.S. explique comment Guill......... Korn......... eft tout à lui.

A l'égard de ma femme, je ne veux que fon bonheur, DANS TOUTE L'ÉTENDUE DU TERME, *j'efpère ainfi, qu'avec un peu de réflexion, elle ne s'y oppofera point.*

(Enfin j'ai trouvé le fin mot.) *L'affaire que vous avez follicité pour qu'elle me mette en relation avec le Miniftre.* Voilà M. de Maurepas expliqué. Point de Miniftre qui prie Guillaume ; c'eft *fon cher ami* qui le pouffe ; & voyez fa reconnaiffance au poft-fcriptum de la Lettre. *A l'égard de*

de ma femme, je ne veux que son bonheur DANS TOUTE
L'ÉTENDUE DU TERME. *J'espère ainsi, qu'avec un peu de
réflexion elle ne s'y opposera point.* (C'est-à-dire, si elle fait
encore quelques difficultés, prouvez-lui bien que je consens
à tout.)

C'est ainsi qu'au moyen de ces rapprochemens utiles, on
voit la fausseté masquée, sortir du fond d'un noir Libelle, &
la modeste vérité se montrer sans fard dans les Lettres.

(Page 11 du Libelle.) » Au mois de Décembre 1780,
» Mr. le Prince de Montbarey quitta le ministère; à cette
» époque, &c. toute la tirade.

Ainsi le Ministre est remercié; *l'ami tendre* a perdu ses
places, & ces pertes ont tué son doux commerce avec
l'ami Guillaume Kornman.

Le style du dernier va changer; témoin le Libelle & les
Lettres signées de lui, envoyées à tous nos Ministres : mais
ces Lettres & ce Libelle sont d'un faux Guillaume Kornman :
c'est moi qui tiens le véritable; vous allez voir son véritable
style, sitôt après la retraite du Ministre.

A son ami Joffan.

Mars 1781.

*Je n'ai sans doute pas l'honneur d'être assez connu de
vous, Monsieur, pour croire que je ne sache sacrifier mes
hommages qu'aux gens en place.*

*(Ici des détails oiseux). A l'égard de la place de Pierre-
court, toute mon activité s'est reposée sur d'Erv......... Il a
dit qu'il en parlerait....... Mais qu'il croyait la chose fort
difficile..........*

*Au surplus, Monsieur, si je suis moins chez moi que par le
passé, ce ne sont pas mes affaires seules qui m'en éloignent,
j'aurais toujours été charmé de me délasser de mes occupations
dans l'intérieur de mon ménage, avec quelques amis; je dis
quelques, parce que cette classe ne saurait être nombreuse.*
(Qu'a-t-il donc notre ami Guill.... Korn....? on croirait qu'il
cherche dispute ! Qu'est devenu le tems où je copiais dans

D

toutes ſes lettres, *mon cher ami*, à chaque phraſe! Ah! pour
quoi nos Miniſtres ne ſont-ils pas inamovibles? Les amitiés de
nos *Guillaumes*, ſeraient à coup-ſûr éternelles! Mais ache-
vons la triſte lettre, ne fût-ce que pour en comparer le ſtyle
à celui de notre Libelle!) J'aurais vécu chez moi, dit-il, avec
quelques amis : *mais ma femme s'y oppoſe, ſa façon de penſer
ne pouvant quadrer avec la mienne, étant trop fier pour me
trouver où je puis déplaire, lorſque l'on me l'on donne trop à
connaître,* (je copierai tout juſqu'aux fautes), *je ne trouve
pas déplacé que l'on ſe moque de moi, un chacun eſt le maître;
mais on ne doit pas trouver mauvais quand je m'en apperçois,
& que je cherche d'éviter d'être l'objet plaiſanté, je ſais juſqu'à
quel point peuvent aller les plaiſanteries de ſociété & de convenance, mais il y a des termes à tout: au ſurplus, je ſuis* POUR LA
LIBERTÉ ET L'INDÉPENDANCE, *prétendant* NE GÉNER PERSONNE,
*& ne précipitant jamais mon jugement ſur le compte de qui que ce
ſoit, attendant tranquillement que l'expérience me démontre juſqu'à
quel point je dois me fier à l'amitié que l'on me témoigne, préférant de juger les hommes plutôt par leurs actions que par leurs
paroles, j'admire l'éloquence, mais je préfère la vérité toute
nue & ſans ornemens dans la bouche de mes amis, & c'eſt une
choſe qui n'eſt pas commune. Si ma maiſon perd quelque choſe
de l'agrément qui pouvait réſulter de la bonne intelligence* VRAIE
OU APPARENTE *qui devait régner entre le Maître & la Maî-
treſſe ; j'en ſuis fâché, mais je ſuis trop franc pour réſiſter à la
longue à une ſituation forcée qui irait trop au détriment de ma
ſanté, que j'ai aſſez ſacrifié par le ſincère attachement que j'ai
porté à ma femme, voyant à regret combien elle était mal con-
ſeillée de ne compter pour rien l'eſtime d'un mari,* ET PRÉFÉRANT
DES CHOSES PASSAGÈRES *à la ſolidité de l'amitié,* MAIS ELLE
ÉTAIT LA MAITRESSE, &c.; (la plume tombe des mains à
tant de choſes dégoûtantes).

(Et ces quatre mots en finiſſant.) *Je ne ſuis pas inquiet ſur
les petites avances que j'ai été dans le cas de vous faire, Mon-
ſieur; la vie étant un échange continuel de procédés, je me trou-
verai heureux de ne me jamais trouver en arrière,* (&c. ſigné)
KORNMAN.

Lecteur, encore cette dernière ! par bonheur elle finit tout. Et toujours à l'ami Joffan.

Le Mardi matin, à 8 heures.

Je vous ai laiffé, Monfieur, tout le tems pour changer votre conduite à mon égard; mais comme vous n'avez pas jugé à propos de le faire, il convient actuellement qu'il ne refte plus aucune relation directe ni indirecte entre nous; je vous préviens que je ferai préfenter le billet de 3600 liv. échu, pour que vous puiffiez l'acquitter.

Je fuis très-parfaitement, Monfieur,

Votre &c. Signé G. KORNMAN.

Paris, le 2 Juillet 1781.

Réponfe de M. Daudet de Joffan à M. Guill.... Korn.....

2 Juillet 1781.

C'eft par ménagement pour vous, Monfieur, par refpect pour Madame votre époufe, que je n'ai point changé de conduite à votre égard, & que j'ai continué d'oppofer le filence, l'honnêteté & la douceur, aux impertinences & aux calomnies que vous vous êtes permis.... Ne croyez pas avoir acheté par quelques faibles fervices pécuniers le droit de me calomnier, ET DE ME FAIRE SERVIR DE PRÉTEXTES A VOS PERSÉCUTIONS CONTRE UNE FEMME FAIBLE ET MALHEUREUSE.... *Si j'ai reçu vos fervices, vous favez que je les ai payés par d'autres, auxquels vous avez attaché du prix, & dont vous jouiffez. Fiez-vous fur l'envie extrême que j'ai de pouvoir vous méprifer à mon aife, du foin que je prendrai de me liquider avec vous; jufques-là, je ne puis vous dire qu'entre quatre yeux l'horreur & l'indignation que m'infpirent la baffeffe de vos moyens, la lâcheté de vos procédés. -- Je m'arrête; fouvenez-vous bien que je vous démafquerai fi vous me pouffez à bout; & s'il vous refte quelque vergogne, tremblez que le public ne vous connaiffe, comme je vous*

D 2

connais ; ET COMME VOUS VOUS CONNAISSEZ VOUS-MÊME. — *Je vous débarrasserai de vos cautionnemens, ou plutôt je m'en débarrasserai ; le comble du malheur serait de rester votre obligé de cette façon.*

Quel fut le résultat, Lecteur, de cette rupture éclatante ? Un mois après cette réponse, la malheureuse épouse était dans une Maison de force. En supposant qu'elle fût coupable, & que l'hymen fût offensé, ce que je ne déciderai pas, il me semble prouvé, que s'il est un seul homme indigne qu'on lui accordât protection, c'était *Guillaume Kornman.* L'infortunée qu'il abandonnait à *l'ami,* & qu'il enveloppait de piéges, la voilà tout-à-coup enfermée, transformée dans les plaintes, *en voleuse, en empoisonneuse ! O* l'horreur des horreurs !

Maintenant, quel est l'homme honnête & sensible, sortant de lire ce commerce, prié, pressé par ses amis, qui refuserait de servir une jeune femme livrée à des barbares, enceinte, arrachée de chez elle, & jettée nuitamment dans une Maison de force, où le désespoir va la tuer ! Sa tête, hélas ! me disait-on, perdue par intervalle, la jette dans de tels délires, qu'on a déjà craint pour sa vie. Une jeune femme, enfermée sur les plaintes d'un tel mari ! Est-il un seul homme d'honneur qui lui refusât son secours ! Ce n'est pas moi. Je ne la connaissais pas même de vue ; eh bien ! ce fut avec ardeur que j'entrai dans la noble ligue que la pitié formait pour elle, que je devins l'un de ses défenseurs. J'en ai bien mieux aimé, bien plus chéri ce valeureux Prince de Nassau, depuis que je le vis capable de cette bonté chevaleresque, qui fait secourir même ceux qu'on ne connaît pas !

Ne nous laissons point entraîner ? N'anticipons point sur le travail qui a procuré la sortie, & dont je dois compte au public, quoique je n'en fusse moi-même que le troisième ou quatrième instrument. Déterminé à servir cette Dame, sur la lecture de ces dégoûtantes épitres, j'offris la main à Madame la Princesse de Nassau pour aller chez M. Le Noir. Elle mettait à ses démarches l'activité la plus touchante. Encore chaud de ma lecture, je fis, chez le Magistrat, un Plaidoyer brûlant qui bientôt l'échauffa lui-même : il donna les plus grands éloges à la malheureuse

détenue, à fa douceur, à fa douleur, au ton pénétrant de
fes plaintes, fouvent à fa réfignation. Il nous dit tout ce
qu'il en favait ; mais il ajouta qu'il ne pouvait rien dans
l'affaire, nous montra trois Mémoires du mari, & vingt
Lettres follicitantes ; enfin il nous prouva que l'ordre était
émané du premier Miniftre, que Kornman & fes amis
avaient follicité en perfonne. Il prétend qu'il a tout à craindre,
dit-il, de la part d'un homme qui, après lui avoir enlevé
fa femme, voudrait attenter à fes jours, & qui les mar-
chande avec elle. Je combattis l'horreur de ces accufations
par leur invraifemblance, & fur-tout par les Lettres dont
j'étais déja le porteur; il en fut vivement frappé, nous dit
de voir tous les Miniftres, & me permit de l'inftruire du
fuccès de mes démarches.

Alors chacun fit de fon mieux. Les Gens de Loi pour-
fuivaient la féparation en Juftice; les Gens du monde fol-
licitaient la délivrance, à la Cour. M. de Maurepas était
malade, & c'était lui qu'il fallait voir ! Il mourut. Rien ne nous
arrêta. Ce bon Prince de Naffau ! (que je l'aime !) fut trois
fois à Verfailles & chez M. Amelot. Auffi m'a-t-il trouvé
depuis auffi chaud pour fes intérêts, qu'il le fut en cette
occafion pour ceux de cette infortunée, qu'il ne connaiffait
pas plus que moi ! J'adore un grand Seigneur dont le cœur
n'eft pas mort ! J'y fus moi-même au moins fix fois. Laffé
de ne pouvoir rejoindre le Miniftre, le Prince écrivit,
le 18 Décembre 1781, cette Lettre à M. Amelot.

*J'ai été, Monfieur, plufieurs fois à Verfailles & nommé-
ment aujourd'hui, pour avoir l'honneur de vous remettre un
Mémoire en faveur d'une femme perfécutée. Son fort a intéreffé
toutes les perfonnes qui font véritablement inftruites de fon
affaire. Permettez, Monfieur, que je vous prie de vous en
faire rendre un compte vrai, & je ne doute pas que vous ne
la mettiez au moins dans le cas de fuivre le cours de la Juftice
qu'elle a invoquée ; M. Le Noir ayant affuré qu'il n'était
pour rien dans cette affaire, & qu'elle dépendait de vous abfolument.*

J'ai l'honneur d'être, &c.

Signé, *le Prince de Naffau Siéghen.*

Cette Lettre eft au dépôt de la Police, avec toutes les Pièces qui fuivent. Et moi, pendant ce tems, j'impatientais M. Le Noir. Je lui écrivais.

Le 18 Décembre 1781.

Il ne m'a pas été difficile hier au foir de voir que l'affaire de Madame Kornman commence à vous donner un peu d'humeur. Mais pendant que vous croyez que les Gens d'affaires de cette Dame vous trompent ; j'ofe vous affurer que les amis du mari vous en impofent bien davantage.

Lifez, je vous prie, ce que M. De Bruges, Procureur (de la femme) me répond, & vous ferez enfin convaincu que ce n'eft pas à l'Hôtel du Lieutenant Civil, mais à l'audience du Parc Civil que M. Picard, (Avocat de la femme) a pris fes conclufions, & a infifté pour plaider mardi dernier.

Permettez-moi aüffi de vous prévenir que, malgré tous les efforts qu'on a faits pour retenir l'affaire au Confeil de Colmar, il eft forti un Arrêt qui oblige les Parties de plaider au Châtelet de Paris. Il faut que la demande du mari ait paru bien ridicule à ce Tribunal, puifque l'Arrêt a été rendu fans qu'il y ait eu aucune défenfe pour la femme. La nouvelle en eft venue Dimanche à M. Kornman, & vous l'ignoriez encore hier au foir. Jugez fi l'on vous trompe vous-même !

(Ils plaidaient en féparation, & la femme était enfermée par une lettre de cachet ! ô défordre ! ô défordre !.)

J'ai envoyé hier dans le jour deux fois chez M. Turpin, (alors confeil de Kornman) ; point de réponfe : pendant ce temps, Monfieur, on ne ceffe d'effrayer la malheureufe détenue, en lui difant qu'on lui arrachera fon enfant à l'inftant de fa couche. Il y a de quoi la faire mourir. Vous pouvez juger à votre tour, fi toute la compaffion que vous a infpiré cette infortunée, a paffé dans le cœur d'un autre !

Quant à moi, qui ne l'ai jamais vue, qui ne la connais que par le tableau très-touchant que votre fenfibilité vous en a fait faire en ma préfence (à Mme. la Princeffe de Naffau) je la vois fi cruellement abandonnée, après une détention de cinq mois, pendant que le mari court à Spa, fait bombance, &

*féduit tout ce qui l'approche ; que je viens d'écrire à M. Turpin ,
que fi les intérêts de fon Client l'empêchent de* ME VOIR
COMME CONCILIATEUR, *je vais franchement offrir à cette jeune
d'une & mes confeils & mes fecours , mes moyens perfonnels
& ma bourfe & ma plume.* (Oui je l'ai dit, & je l'ai fait ;
car , elle était feule en France, & n'avait même à Bafle
en Suiffe que des oncles trop vieux & des frères trop jeunes,
pour qu'elle en pût rien efpérer.)

*Peut-être, Monfieur, quand ils lui connaîtront des reffources
& des défenfeurs, commenceront-ils à rougir de répondre auffi
mal au bon cœur & au bon efprit qui vous ont porté fans
ceffe à rechercher les voies de conciliation.*

*Permettez que cette Lettre foit la dernière de mes impor-
tunités fur cette affaire...... Je vis bien hier au foir, qu'on
finiffait par vous impatienter en vous en parlant fi fouvent ;
moi-même je n'étais pas tranquille fur le plat rôle que la
prétendue mauvaife foi du Procureur De Bruges, me fefait
jouer auprès de vous.*

*Aujourd'hui tout eft éclairci ; mais je ne me permettrai plus
de vous en étourdir. Le bien que je veux à madame Kornman
me cauferait trop de dommage, s'il allait jufqu'à altérer vos
bontés pour moi, qui m'honore d'être avec le plus inviolable
& refpectueux attachement ;*

M O N S I E U R ,

Votre, &c.

Signé *CARON DE BEAUMARCHAIS.*

Cette Lettre exiftante au dépôt de la Police, prouve déja
que, malgré tout mon mépris pour le mari , je courais après
Me Turpin, fon Confeil, pour effayer de les réconcilier.
Ma religion eft que, lorfqu'une pauvre femme a époufé
un méchant homme, fa place eft d'être malheureufe auprès
de lui ; comme le fort d'un homme eft de refter aveugle,
quand on lui a crevé les yeux.

Me. Silveftre, Avocat aux Confeils, pouvait feul voir

l'infortunée. Il écrivait à M. Le Noir; Me. De Bruges, fon Procureur, écrivait à M. Le Noir; j'écrivais à M. Le Noir; le Prince de Naſſau, tout le monde écrivait à M. Le Noir; il ne favait auquel entendre. J'avais vu M. le Comte de Maurepas, en Octobre. Avec un efprit d'aigle, il avait l'ame douce. Il m'avait écouté, entendu, avait vu les Lettres de Guill. . . . . Korn. . . . . en avait été fort furpris; m'avait dit de voir M. Amelot, de lui raconter toutes ces chofes & d'en parler à M. le Comte de Vergennes, qu'ils en raifonneraient enfemble, parce qu'elle était étrangère.

J'avais couru chez les Miniftres ; & par-tout même plaidoyer. M. de Maurepas n'était plus. Mais rien ne put laffer mon zèle. Enfin le 27 de Décembre j'obtins la faveur infigne de rapporter la joie dans l'affreux féjour des douleurs. Ma demande était fi modefte ! Elle plaide en féparation, contre un homme qui fe dérange, & qui ne l'a fait enfermer que pour ne lui rendre aucun compte; il s'eft hâté de prendre l'attaque, de peur d'être écrafé du poids de la défenfe. Je demande, ou plutôt c'eft elle qui demande, car j'ai fon Placet à la main, qu'on la délivre de l'horreur d'accoucher dans une Maifon de force, entre les hurlemens des folles, & les chanfons des proftituées ! L'Accoucheur vous en répondra, vous la rendra fur votre premier ordre. Elle eft de la meilleure Maifon de Bafle, mariée à un méchant homme ; elle plaide en féparation ; il n'a pû la vendre vivante, il voudrait en hériter morte !........ Quel malheur d'être Souverain, ou Miniftre ! on n'a pas le tems d'être inftruit ; la méchanceté qui veille autour de vous, prend toujours fi bien fon moment, qu'avec le défir d'être jufte, fans le favoir on fait des injuftices ! Il y a trois mois que vingt perfonnes courent pour obtenir le redreffement de celle-ci : Je remis fon Mémoire, on le lut.

Dieux ! j'obtins l'ordre ! & le voici.

DE PAR LE ROI.

Il eft ordonné au S (en blanc) de retirer de la Maifon de la Demoifelle Douay la Dame Kornman, & de la conduire

dans

dans celle du fieur Page, Accoucheur & Docteur en Médecine. Enjoint S. M. à ladite Dame Kornman, fuivant fa foumiffion, de ne point fortir de ladite Maifon, & de n'y recevoir que fes Avocat & Procureur ; comme auffi ordonne S. M. audit fieur Page, fuivant la foumiffion que ladite Dame Kornman offre de faire faire audit fieur Page, de la repréfenter toutes les fois qu'il en fera requis ; & ce, jufqu'à nouvel ordre.

Fait à Verfailles le 27 Décembre 1781.

Signé, LOUIS, & plus bas.

Signé, AMELOT.

Au-deffous eft écrit :

Je fouffigné promets & fais ma foumiffion de me conformer à l'ordre ci-deffus ; ce 28 Décembre 1781.

Signé, Page, Docteur Médecin.

Et au-deffous eft écrit :

Je fouffignée promets & fais ma foumiffion de me conformer à l'ordre ci-deffus, ce 28 Décembre 1781.

Signé, F. Kornman, née Faefch.

Croyez vous, Lecteur, que mes chevaux euffent affez de jambes pour apporter au gré de mon defir, un tel ordre à M. Le Noir ? Il me fourit en le lifant. Je ne me rappelle pas qu'il m'ait dit (comme l'écrit Guill.. Korn...) que j'étais un fcélérat horrible & redoutable ; mais je me fouviens qu'il me dit : les gens que vous aimez, M. de Beaumarchais, font certains d'être bien fervis : il voulut bien même ajouter, qu'en cette occafion, il ne pouvait qu'applaudir à mon zèle. Eh bien ! Monfieur, lui dis-je, j'en demande la récompenfe. Permettez-moi d'accompagner ceux qui porteront l'ordre à

E

cette infortunée. Que je puisse me vanter d'avoir fait connais-
fance avec elle, sous les heureux auspices d'une bonne Lettre
de Cachet! Il sourit, il y consentit. Quel inconvénient y
avait-il ?

O Public! Public de Paris! Une femme plaignante en
Justice contre un mari qui la tourmente, trouve toujours un
défenseur; & vous vous étonnez qu'une malheureuse victime, enfermée sans information, par une lettre de cachet
surprise, exécutée si lâchement, ait rencontré des protecteurs,
pour solliciter les Ministres! Dans quel siècle vivons-nous
donc! Quel d'entre-vous trahi, surpris, & subitement ren-
fermé, jettant ses bras meurtris à travers les grilles de fer, ne
regarderait pas comme un dieu, le passant que ses cris pourraient armer en sa faveur? N'avez-vous vu jamais un infortuné
qu'on délivre? La terre n'est pas assez bas, sa tête jamais
assez courbée, ses genoux pas assez flexibles au gré de sa
reconnaissance: je l'ai vu, je l'ai vu, & sur-tout cette fois,
quand j'ai porté dans la prison la lettre de sa délivrance à
l'infortunée Etrangère.

Figurez-vous une jeune femme, prisonnière au mois de
Décembre, & n'ayant pour tout vêtement qu'un mauvais man-
teau de lit d'été, pâle, troublée, enceinte & belle! Ah! enceinte sur-tout & prête d'accoucher! Je ne fais pas comment
les autres hommes s'affectent; mais, pour moi, je n'ai jamais
vu de jeune femme enceinte, avec cet air doux & souffrant,
qui les rend si intéressantes, sans éprouver un mouvement
qui jette mon ame à sa rencontre: jugez quand elle est ren-
fermée! Ah! si c'était ici le lieu de raconter; je dirais comment une fois j'ai manqué d'assommer un homme qui battait
une femme enceinte. Le peuple criait : *c'est sa femme!* --- Eh
Qu'importe, amis, *elle est grosse*. J'étais furieux; je rouais de
coups le brutal qui l'avait battue, en criant toujours, *elle est
grosse*. J'avais l'éloquence du moment; ils me comprirent à la
fin, & se rangèrent de mon parti. Ces gens-là, c'étaient des
Français!

Rentrons dans la Maison de force où notre infortunée
m'attend. Quand elle paraît au guichet où je l'attendais, moi
troisième, elle s'écrie avec transport. *Ah! si l'on ne m'a pas*

trompé, je vois M. *de Beaumarchais!* --- Oui, Madame; c'eft lui que le hafard rend affez heureux pour contribuer à vous tirer d'ici. Elle eft à mes genoux, fanglotte, lève les bras au ciel : *c'eft vous, c'eft vous, Monfieur!* tombe à terre & fe trouve mal : & moi, prefqu'auffi troublé qu'elle, à peine pouvais-je aider à lui donner quelques fecours, pleurant de compaffion, de joie & de douleur. Je l'ai vu ce tableau; j'en étais, j'en étais moi-même; il ne fortira pas de ma mémoire. Je lui difais en la remettant au Médecin qui devait l'accoucher, à qui le Magiftrat la confiait : ce fervice, Madame, n'a pas le mérite de vous être même perfonnel : ah! je ne vous connaiffais pas; mais, à l'afpect de votre reconnaiffance, je jure que jamais un malheureux ne m'implorera envain dans des circonftances pareilles !

J'ai dit comment la chofe fe paffa. Je la quittai, content de moi : ne me doutant pas, je vous jure, que fix ans après cette époque, un Magiftrat qui n'avait fait que nous céder, au mari le bonheur de faire enfermer fa victime, à nous celui de la rendre au droit de fe pourvoir devant les Tribunaux contre lui, fe trouverait impliqué dans une horreur auffi gratuite; qu'on jetterait dans Paris un Libelle atroce où vingt perfonnes feraient dénigrées; qu'à l'inftant j'entendrais des cris, que je verrais des yeux braqués fur moi comme des pièces de canon ! que l'on verrait fur-tout des Dames bien faiblettes, oubliant leur âge & leur fexe, abandonner leur propre caufe, fe chagriner pour le mari, *pleurer, hélas ! fur ce pauvre Holopherne!* Et moi qui fuis tout auffi faible qu'elles, mais qui choifis mieux mes objets; fi ce récit ne peut leur ôter de l'idée que je fuis un homme méchant, je les fupplie de m'accorder au moins que je fuis le meilleur des méchans hommes.

--- Mais vous étiez fufpect, on vous taxe par-tout d'avoir aimé les femmes ! --- Eh ! pourquoi rougirais-je de les avoir aimées? Je les chéris encore. Je les aimai jadis pour moi, pour leur délicieux commerce ; je les aime aujourd'hui pour elles, par une jufte reconnaiffance. Des hommes affreux ont bien troublé ma vie ! Quelques bons cœurs de femmes en ont fait les délices. Et je ferais ingrat au point de refuſer, dans ma vieilleſſe, mes ſecours à ce ſexe aimé, qui rendit ma jeuneſſe heureuſe! Jamais une femme ne pleure, que je n'aie le cœur ſerré. Elles ſont, hélas! ſi maltraitées & par les loix & par les hommes! J'ai une fille qui m'eſt bien chère; elle deviendra femme un jour : mais puiſſai-je à l'inſtant mourir ſi elle ne doit pas être heureuſe! Oui, je ſens que j'étoufferais l'homme qui la rendrait infortunée! Je verſe ici mon cœur ſur le papier.

Une réflexion, & j'ai fini.

Si cette Juſtice éternelle qui veille au bien, en laiſſant faire le mal, n'eût pas permis, ſans que je m'en doutaſſe, qu'on laiſſât dans mes mains ces précieux moyens de défenſes, dont je ne me ſouvenais non plus que de mon premier rudiment; je ſerais un monſtre aujourd'hui! Cent pages de diſcours ne m'auraient pas lavé de la bonne action qu'ils atteſtent. Grand Dieu! qu'elle eſt ma deſtinée! Je n'ai jamais rien fait de bien qui ne m'ait cauſé des angoiſſes! Et je ne dois tous mes ſuccès, le dirai-je?........ qu'à des ſotiſes! *Signé,* CARON DE BEAUMARCHAIS.

GUÉBERT, Procureur.

Ma ſeconde Partie paraîtra quand l'information ſera finie. Je ne laiſſerai rien en arrière. J'ai beſoin de me repoſer, non dans l'inaction, je ne le puis; mais dans le changement d'occupation : c'eſt ma vie.

De l'Imprimerie de CLOUSIER, Imprimeur du ROI, rue de Sorbonne, 1787.